Canción Andina

Juliana Giraldo

COLIBRÍ
EDITORIAL

Primera edición, abril de 2022

www.juligiraldo.com

ISBN: 9798446313792

Cada árbol ha crecido para caer,
la naturaleza cuenta sus bajas
inevitables.

Oculto

Bajo las alas de la mariposa está su color intenso, escondido, sólo para su deleite.

En la copa de un árbol hay cuatro gallos: sus patas, más grandes que las ramas, intentan mantener el equilibrio.

El hombre ha hecho un camino para entrar al bosque, sus huellas han quedado marcadas para regresar una y otra vez.

En el cielo se elevan hermosas cometas, pero la mano de quien sostiene la cuerda permanece oculta.

Como el color intenso de la mariposa, como el equilibrio que sostiene a los gallos, como las botas de quien ha hecho su camino al bosque...

No hay sol

Mientras no hay sol camino pero mi corazón baila.
Encuentro regocijo en el pájaro de cabeza azul,
La tángara que creía escasa aparece de nuevo a mi
paso y me estremece, como el canto entusiasta de
un hombre en medio de la nada.

Lo más vivo del espíritu de este mundo sobresale
       en lo verde,
Un verde que se convierte en frazada y dibuja
Un camino bordado con hilos de leche, donde
       danzan las ideas.

Mientras no hay sol camino pero mi corazón baila
       sobre esa hierba,
La huelo, su esencia se mezcla con el olor de la
leche recién ordeñada,

El aroma de la leche ha seguido ese camino verde
       para descansar en mi cabeza,
Como si mis sesos la estuvieran saboreando,

Hierba y néctar sagrado invaden mis sentidos.

Dedicado a quien tampoco llegó

*"Las viejas casas fueron en otro tiempo
andamios, con obreros que silbaban."*
                                    T. E. Hulme

Mientras subo a la montaña alguien que baja
sonríe y me dice que ya casi llego.

¿Quién dijo que lo que más quiero es llegar?

Estaría bien si aquí mismo mi cuerpo cayera, y
todavía percibiendo la montaña lejana diera su
              último respiro.

Por qué el que llega no ve nada, si acaso el
camino en picada,
en cambio, el que sube va viéndolo todo.

Anhela todo,

Y no tengo prisa en llegar a la meta, si no llego
esa sería mi victoria, no llegar.

Y me inclino hacia los que no llegaron, los que
perdieron, los que lo intentaron,

los que iban sobre ruedas y otros a pie los
        pasaron.

Glorifico a las hojas de eucalipto que caen desde
el tronco más alto para humedecerse y dar de
beber a la mariposa sedienta,

Mariposa que también cae pérdida y no llega a
        la flor.

Orugas que son aplastadas mientras intentan
llegar, y en su camino encuentran cielo en vez
        de alas,

Quién osaría decirles que ya casi llegaban.

Me baño con *pino y eucalipto*
Tendida sobre madera del bosque andino
— Cada árbol ha crecido para caer —
la naturaleza cuenta sus bajas inevitables.

En inmensa quietud
sobre una endeble cuerda,
como un ***tiranus melancolicus.***
En total calma y reflexión,
se aproxima el descenso.

Andino

"La montaña es mi poesía."
Guido Rey

Recorro el camino del Cusumbo solo, cargando
      mi propio cuerpo.

Camino silvestre, verde y musgoso.

Paisaje donde el agua rompe a toda furia y
      después se serena.

Un rayito de sol calienta una hojita escondida,
tres caballos aparecen galopando,
al mismo tiempo que cae una rama de eucalipto.

Un pájaro ha encontrado donde sacudir sus alas
      en el piso,

Y se baña con el mismo ímpetu que quisiera yo
bañarme en ese río de agua frenética.

Aún continúan relinchando los caballos en este
camino — Andes agrietados —

Índigo casi púrpura

*"Sí, dentro de la jaula de mi cerebro, está
puesto un pájaro azul que quiere su libertad."*
Azul - Rubén Darío

Seria tonto decir que todos los azulejos son
      azules.
Algunos tienen debajo el ala otro azul,
como índigo casi purpura,
color auspicioso para el ojo atento

Cada pluma en esta ave ha sido pintada en
      diferente gama.
Sin embargo, el ojo humano insiste en decirle
      azulejos.

¿Por qué no develamos el filtro que nos hace ver
      el mismo color?
¿Por qué no le damos al ojo otro ojo?

Para que no fueran solo azules sino también,
— Índigos casi púrpuras —

De desmitificar su nombre
El azulejo sería el cielo, sería el traje que llevo
      sobre la piel.

Péndulo

Camino por valles y montañas
y ahora me dirijo al mar

Como un ave migratoria
mi techo es un eterno dosel.

Estoy bajo el sol y mi camino
es pantanoso y yermo

Aun así, alargo mi infinito
hacia el horizonte verde.

Dividida entre dos tierras
una de fuego, otra de sal

Mi corazón es el destino
de la muerte.

Voy llorando, voy riendo,
mi llanto es la lágrima del *péndulo*

Y mi risa como la de Dios
cuando está más contento.

Meditabundo sobre esta montaña,

El gavilán rompe el circulo

Persigue quieto bajo la rama el instante preciso,

Su espera, nunca alcanza.

Bromelias

Ni el sol ni el agua se asoman por la ventana
		más grande,

más parece haber una invitación siempre al
		movimiento.

La rueda que empuja hacia arriba nos lleva a
		cascadas de agua fresca

La guacharaca se repliega y extiende sus alas al
		caer la tarde

— los demás pájaros también regresan a sus
nidos. —

Esta noche lloverá,

Y las bromelias verterán su propia fuente.

Recorre la cordillera de los andes,

su vuelo es una letanía,

— un animal vivo —

Es el poema andino.

¿Este mundo es real?

Me quedo en estado hipnótico
admirando la montaña,
aquella última donde la luz
ha aclarado su verde

Me dejo envolver por ese efecto desvanecido
Que se funde con el azul claro del cielo,
Esa montaña desdibujándose …
¿este mundo es real?

¿Quién pudiera bordar las líneas que conducen a
        la montaña?
¿Quién pudiera coser a la tierra los árboles que
        anidan las más exóticas aves?
¿Quién es el pintor que en un lienzo vivo a
        puesto colores y sonidos para mi deleite?

Ha muerto un colibrí

La furia está en el agua
La roca no contiene su poder
La energía arrastra
Las hojas caen otra vez
La naturaleza se agita
La pluma cae al pie
La bruma rocía la rama
Las alas dejan de mover
La vida está en todo
La muerte también.

Yarumo

A ti Yarumo, testigo del desarrollo humano
a ti que ves a los de tu especie sucumbir
y vaticinas tu propia muerte.

Emerges sobre las montañas,
altivas, verdes, heridas
eres testigo sin voz, solo tu grandeza grita.

A lo lejos la ciudad contemplas,
se percibe seco, muerto
el lienzo gris sobre ella.

Pero no es el gris de tus hojas
donde se posan las mil especies,
Regocijo de pájaros,
todavía en pie, todavía inmenso.

Revolución

Una revolución se fragua a ritmos de tambores africanos,
una borrasca que germina del cielo a los ríos
de los ríos a la tierra,
no se contiene
la montaña
viva.

Pantanos

Aguas frescas en esta mole andina,

riegan desbordados gritos de libertad.

la tierra que fértil dilata,

Crea pantanos de agua anegada

donde la mariposa se alimenta.

Ático

Bajo esa capa de tierra se encuentra el fuego que
        arde
brillante amanecer,

la noche de piedras y agua se cubre de los visos
        del sol,

los hombres cavan por un sueño que se escapa
        de sus manos.